まちごとチャイナ

Jiangsu 002 Suzhou

はじめての蘇州

中国庭園と鐘の鳴る「古都」

Asia City Guide Production

【白地図】長江デルタと蘇州

CHINA
江蘇省

長江デルタと蘇州

Suzhou 白地図

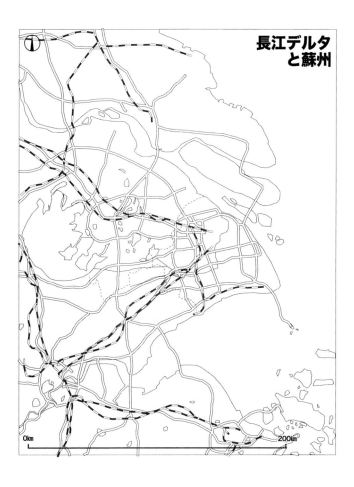

【白地図】蘇州

CHINA
江蘇省

蘇州

Suzhou 白地図

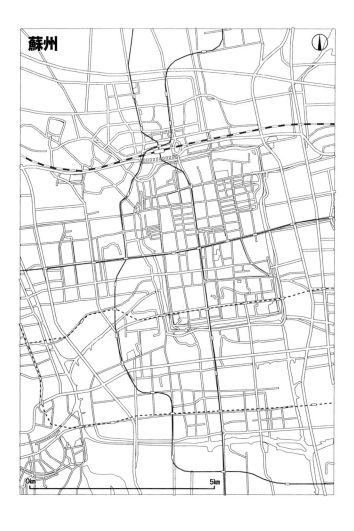

【白地図】旧城北東部

CHINA
江蘇省

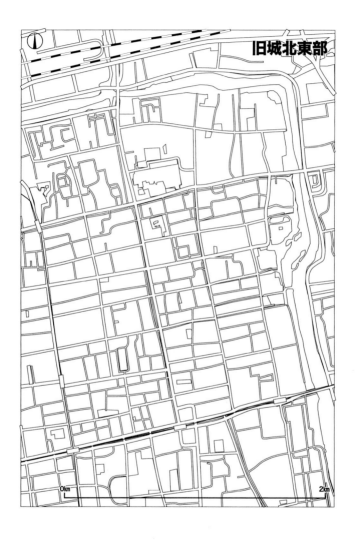

【白地図】城外西部

CHINA
江蘇省

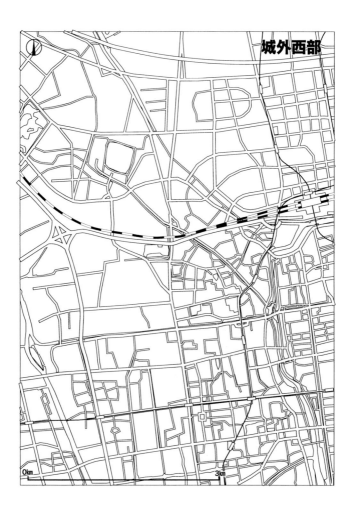

【白地図】蘇州郊外

CHINA
江蘇省

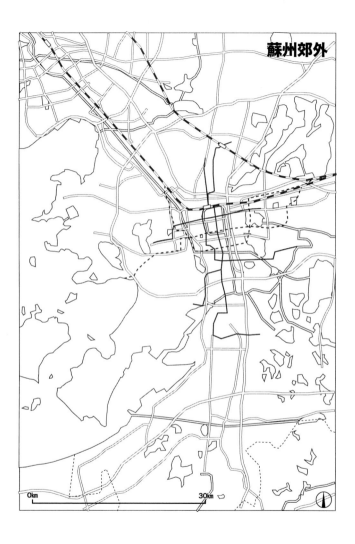

蘇州郊外 Suzhou 白地図

【まちごとチャイナ】

江蘇省 001 はじめての江蘇省

江蘇省 002 はじめての蘇州

江蘇省 003 蘇州旧城

江蘇省 004 蘇州郊外と開発区

江蘇省 005 無錫

江蘇省 006 揚州

江蘇省 007 鎮江

江蘇省 008 はじめての南京

江蘇省 009 南京旧城

江蘇省 010 南京紫金山と下関

江蘇省 011 雨花台と南京郊外・開発区

江蘇省 012 徐州

CHINA
江蘇省

長江が育んだ肥沃な大地、豊かな水と網の目のように走る水路、温和な気候にめぐまれた蘇州。紀元前514年に都がおかれた蘇州は、江南有数の伝統をもつ街として知られ、「天に天堂、地に蘇杭あり（天に天堂があるように、地には蘇州と杭州がある）」とたたえられてきた。

蘇州の豊かな恵みは多くの文人、商人などをひきつけ、とくに明清時代にその繁栄は頂点に達した。世界遺産にも指定されている中国古典園林（庭園）が造営され、清朝皇帝はこの地の風土を愛でてたびたび南巡を行なった。

はじめての蘇州
Suzhou 苏州 sū zhōu スウチョウ

　こうしたなか20世紀末から、上海の西100kmに位置する距離や、人口密集の長江デルタの中心にあたる蘇州の「地の利」が注目されるようになった。旧城をとり囲むように郊外に開発区がもうけられ、上海との一体化が進む江蘇省最大の経済都市となっている。

【まちごとチャイナ】

江蘇省 002 はじめての蘇州

目次

はじめての蘇州	xii
憧憬の江南文化その中心	xviii
蘇州城市案内	xxv
城外西部城市案内	xli
蘇州郊外城市案内	li
城市のうつりかわり	lvii

【MEMO】

Suzhou

はじめての蘇州

【地図】長江デルタと蘇州

CHINA
江蘇省

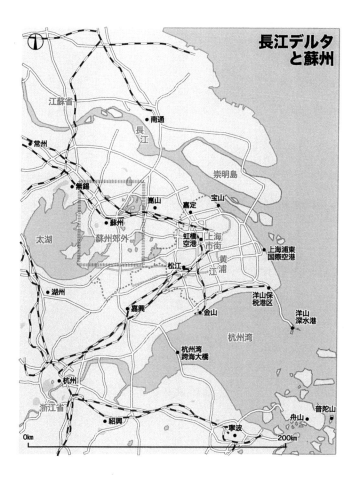

憧憬の
江南文化
その中心

CHINA
江蘇省

蘇州は江南でもっとも早く開けた土地
人々は「魚」と「米」を食し
水辺に住宅を構えて生活してきた

地上の楽園

「江浙熟せば天下足る」という言葉は、中国でもっとも豊かな穀倉地帯である蘇州や長江デルタをさして使われた。明代、蘇州府だけで全国税額の10分の1をおさめるなど、蘇州の豊かさは広く知られ、その経済力を背景に都市文化を花開かせた。官吏を離れた文人は蘇州に自らの私邸をつくって隠遁生活を行ない、建築、演劇、工芸などさまざまな分野で洗練された芸術が育まれた（また蘇州人の食通も知られる）。明清時代、蘇州は首都北京を経済的に支え、大運河を通って江南の米が華北へ運ばれたほか、京劇や北京ダック、頤和園な

▲左 地上の楽園にたとえられた蘇州。 ▲右 古都と経済都市のふたつの顔をもつ

どの庭園は蘇州を中心とする江南文化の影響のもと成立したという。

拡大する蘇州

春秋時代の紀元前514年に呉の都として建設されて以来、蘇州は2500年のあいだ持続する都市となっている。この古くからの街が城壁で囲まれていた旧城で、拙政園や滄浪亭といった中国庭園が位置する。旧城西郊外を京杭大運河が流れ、明清時代、運河に近い西側の山塘街が商業地区として発展した。こうしたなか、20世紀末に蘇州旧城をはさむように東

CHINA
江蘇省

西にふたつの開発区がおかれたほか、蘇州市街部に対して大蘇州市は常熟、張家港、昆山、呉江、太倉を包括し、長江を通じた港をもっている。

水の都

街の縦横に水路がはりめぐらされ、そこをゆく船、水路へ続く階段や橋など水と一体となった光景が広がる蘇州。元代、この街を訪れたヴェネチアの商人マルコ・ポーロが蘇州の繁栄をたたえたこともあり、『東洋のヴェニス』とも呼ばれてきた。長らく、蘇州では船が物資や人を運搬する交通手段に

Suzhou 憧憬の江南文化その中心

▲左　酒が売られていた。　▲右　水路を中心に建てられた住宅

使われ、無錫、崑山、周荘、同里など蘇州を中心に高密度に都市や鎮が集まっている。それらは水路で結ばれ、蘇州を中心とした交易ネットワークがつくられていた。

【地図】蘇州

【地図】蘇州の [★★★]
- ☐ 拙政園 [世界遺産] 拙政园チュオチェンユゥエン
- ☐ 山塘街 山塘街シャンタンジエ
- ☐ 虎丘 虎丘フウチィウ
- ☐ 寒山寺 寒山寺ハンシャァンスー

【地図】蘇州の [★★☆]
- ☐ 北塔報恩寺 北塔报恩寺ベイタアバオエンスー
- ☐ 観前街 观前街グァンチィエンジエ
- ☐ 盤門 盘门パンメン
- ☐ 留園 [世界遺産] 留园リィウユゥエン

【地図】蘇州の [★☆☆]
- ☐ 文廟（蘇州碑刻博物館）文庙ウェンミャオ
- ☐ 滄浪亭 [世界遺産] 沧浪亭ツァンランティン
- ☐ 十全街 十全街シイチュアンジエ
- ☐ 宝帯橋 宝带桥バオダイチャオ

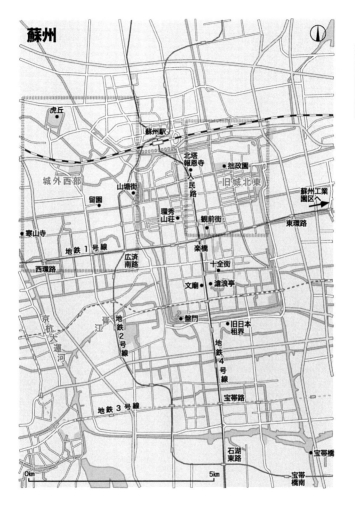

Suzhou 憧憬の江南文化その中心

Guide, Su Zhou
蘇州城市案内

中国を代表する名園の拙政園
3世紀に創建された玄妙観
それらはこの街の豊かな文化を伝える

蘇州旧城の構成

蘇州旧城は、紀元前514年、この地の地形や風水をふまえて呉の名臣下伍子胥によって設計され、以来、2500年のあいだ同じ位置で都市が持続している。人の歩く道路と船が進む水路が碁盤の目状に走り、旧城内外をわける城壁の門には、水門（船用）、陸門のふたつが並置されている（南西の盤門にその姿が残っている）。この旧城を南北につらぬく人民路は、宋代以来の繁華街で、その北の軸線上に鉄道駅が位置する。

【地図】旧城北東部

【地図】旧城北東部の [★★★]
- ☐ 拙政園 [世界遺産] 拙政园チュオチェンユゥエン

【地図】旧城北東部の [★★☆]
- ☐ 北塔報恩寺 北塔报恩寺ベイタアバオエンスー
- ☐ 獅子林 [世界遺産] 狮子林シイズゥリン
- ☐ 平江路 平江路ピンジャンルウ
- ☐ 観前街 观前街グァンチィエンジエ

【地図】旧城北東部の [★☆☆]
- ☐ 玄妙観 玄妙观シャンミャオグァン

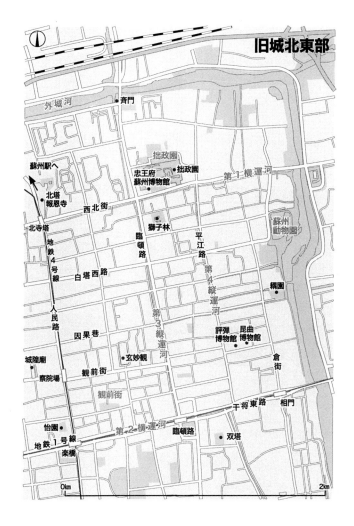

CHINA
江蘇省

拙政園 [世界遺産] 拙政园
zhuō zhèng yuán チュオチェンユゥエン [★★★]

中国を代表する名園にあげられる拙政園は、明代の1509年、官吏の王献臣によって造営された。造園にあたっては、明代最高の文人のひとり文徴明が関わったとされ、その後、清代、民国時代を通じていくども手が加えられてきた。東部、中央部、西部にわかれた庭園は、蓮池を中心に楼閣や奇石、樹木が配置された回遊式庭園となっている。太平天国の拠点がおかれた忠王府、呉派文人の書画を収蔵する蘇州博物館も隣接する。

▲左 世界遺産に指定されている拙政園。　▲右 白壁と黒屋根の江南住宅をモデルとした蘇州博物館

蘇州城市案内

世界遺産の庭園群

「江南の園林は天下に甲たり、蘇州の園林は江南に甲たり」と言われ、蘇州には明代に271、清代には130もの私邸園林があったという。この中国庭園は園林と呼ばれ、文人の理想とした山水美が再現された庭園と、贅のかぎりをつくした建築群からなる。蘇州四大庭園の滄浪亭（宋代）、獅子林（元代）、拙政園（明代）、留園（清代に改築）では、各々の時代の要素をもつ庭園が見られる。またそのなかで拙政園と留園は、頤和園（北京）、避暑山荘（承徳）とともに中国四大庭園にも数えられている。これらの庭園を中心に蘇州の9つの

CHINA
江蘇省

庭園が世界遺産に指定されている。

北塔報恩寺 北塔报恩寺
běi tǎ bào ēn sì ベイタアバオエンスー [★★☆]

蘇州旧城の北側に立つ八角九層をもつ北塔報恩寺。3世紀の呉の時代に仏教寺院が創建され、高さ76mの塔は南宋代の12世紀に建てられた。長いあいだ蘇州旧城の位置を示す目印になり、この街の象徴的存在となってきた。

▲左　北塔報恩寺は蘇州旧城のシンボル。　▲右　獅子林は蘇州四大名園のひとつ

獅子林 [世界遺産] 獅子林 shī zǐ lín シイズゥリン [★★☆]

獅子のかたちをした奇石で知られる獅子林。元代の1342年の創建で、拙政園、留園、滄浪亭とならんで蘇州四大名園のひとつにあげられる。またかつて蘇州博物館を設計したI・M・ペイの一族がこの庭園を所有していたことでも知られる。

平江路 平江路 píng jiāng lù ピンジャンルウ [★★☆]

蘇州を縦横に走る水路沿いの古い街並みが残る平江路。古くから「水を枕とする」と言われた蘇州では、小船を移動手段とし、水路の水を生活用水に使ってきた（かつてはどの家も

【MEMO】

CHINA
江蘇省

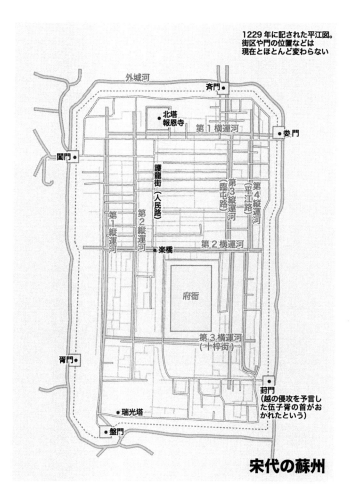

江蘇省

自家用の船をもっていたという)。平江路界隈では白い壁に黒の屋根瓦の江南住宅が続き、また1879年に建てられた山西商人が集まる全晋会館を前身とする昆曲博物館なども位置する。

観前街 观前街 guān qián jiē グァンチィエンジエ [★★☆]
「蘇州随一の繁華街」観前街は、玄妙観の門前街として発展してきた。松鶴楼や得月楼といった蘇州料理の老舗はじめ、商店、茶館などがずらりとならび、多くの人でにぎわっている。

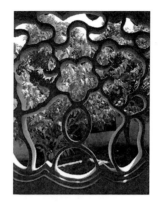

▲左 玄妙観の門前街として観前街は発展した。　▲右 窓枠に切りとられた景色

玄妙観 玄妙观
xuán miào guān シャンミャオグァン [★☆☆]

玄妙観は晋代の276年に創建された道教寺院。蘇州のちょうど中心に立ち、南宋代（1179年）の様式を伝える三清殿が残る。中国の民間信仰をはじまりとする道教の祭りや行事にあたって、この道観の前で縁日が開かれた。

文廟（蘇州碑刻博物館） 文庙
wén miào ウェンミャオ [★☆☆]

「学問の神様」孔子をまつる文廟は、北宋代の1034年に創建

CHINA
江蘇省

された。蘇州碑刻博物館として開館し、現在とほぼ変わらない宋代の街区を刻む石刻『平江図』を収蔵する。

滄浪亭 [世界遺産] 沧浪亭
cāng láng tíng ツァンランティン [★☆☆]

1044年に造園された滄浪亭は蘇州でもっとも古い庭園。周囲を水路が走り、小さな丘陵にあわせて園林が展開する。拙政園、留園、獅子林とともに蘇州四大庭園のひとつにもあげられる。

▲左　盤門には船用と陸用のふたつの門が残る。　▲右　現存する最古級の江南庭園でもある滄浪亭

十全街 十全街 shí quán jiē シイチュアンジエ［★☆☆］

運河沿いに明清時代の住宅が残る十全街。十全街という名前は、蘇州にたびたび南巡した乾隆帝（十全老人）にちなむ。

盤門 盘门 pán mén パンメン［★★☆］

盤門は蘇州旧城に残る、ただひとつの完全なかたちの城門。水門と陸門の双方が見られ、盤門は蘇州旧城の正門にあたった（水路と陸路の両方から街に入ることができた）。また近くには、高さ43.2mの瑞光塔がそびえている。

CHINA
江蘇省

理想を求めた文人

唐代、白居易が蘇州に庭園を構え、詩と酒にひたる生活を送り、「呉中好風景／八月如三月（蘇州の好風景／八月も三月の如し）」という詩を残している。蘇州文化の隆盛は明代に頂点に達し、官吏を退いた文人が故郷の蘇州に私邸園林を築いて自らの理想をそこで具現化した。中国随一の豊かな商業都市であった蘇州では、子女の教育にお金を使うことができたため、多くの蘇州人が科挙に合格して官吏となった。

【MEMO】

CHINA
江蘇省

Guide, Cheng Wai Xi Fang
城外西部
城市案内

山塘街から北西に伸びる水路は虎丘へいたる
漢詩『楓橋夜泊』で知られた古刹寒山寺
中国四大名園のひとつ留園も位置する

山塘街 山塘街 shān táng jiē シャンタンジエ［★★★］
閶門外の山塘街には、明清時代の商業交易の発達を受けて、各地から運ばれてきた物資が集散されていた。米や木綿、絹などの農産物を載せた船、商人の集まる会館や茶館がずらりとならび、現在でも水路を中心とした明清時代の景観が残っている（ここが商業拠点になったのは、京杭大運河により近く、旧城へ運ぶ手間がはぶけたため）。

【地図】城外西部

【地図】城外西部の [★★★]
- [ ] 山塘街 山塘街 shān táng jiē シャンタンジエ
- [ ] 虎丘 虎丘 hǔ qiū フウチィウ
- [ ] 寒山寺 寒山寺 hán shān sì ハンシャァンスー

【地図】城外西部の [★★☆]
- [ ] 留園 [世界遺産] 留园 liú yuán リィウユゥエン

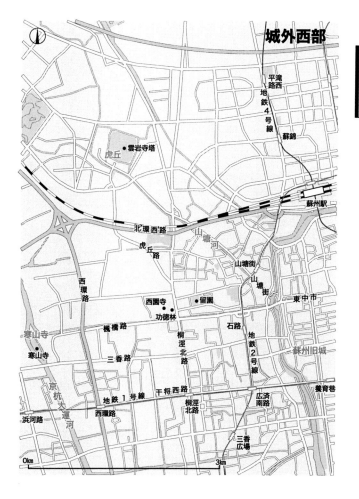

CHINA
江蘇省

留園 [世界遺産] 留园 liú yuán リィウユゥエン [★★☆]
宋代の「風流天子」徽宗が集めさせた江南の奇石「冠雲峰」が残る留園。もともと明代の官吏徐時泰の庭園があったところで、中央部の池を中心に堂や亭が展開する。蘇州庭園のあらゆる要素を高度に表現した名園とされ、蘇州四大庭園ばかりでなく、中国四大庭園のひとつにもあげられる（ほかに北京の頤和園、承徳の避暑山荘、蘇州の拙政園）。

【MEMO】

CHINA
江蘇省

虎丘 虎丘 hǔ qiū フウチィウ [★★★]

蘇州旧城の北西に立ち、「呉中第一の勝景」と言われる虎丘。虎丘という名前は、春秋時代（紀元前514年）に蘇州の街を築いた呉王闔閭がこの地に葬られ、その3日後、白虎が現れて墓陵を守るようにうずくまったという伝説にちなむ。2.4度かたむいた斜塔の「雲岩寺塔」を中心に、春秋時代の3000本の剣が眠るという「剣池」、虎丘を造営した職人1000人を集めて殺し、鮮血が残る「千人石」などが残る。雲岩寺塔の高さは47.5mになり、宋代の961年に建てられた。

▲左　ピサの斜塔にもくらべられる霊岩寺塔の立つ虎丘。　▲右　日本人にもなじみ深い寒山寺

寒山寺 寒山寺 hán shān sì ハンシャアンスー ［★★★］

「月落烏啼霜滿天（月落ち烏啼いて霜 天に満つ）／江楓漁火對愁眠（江楓 漁火 愁眠に対す）／姑蘇城外寒山寺（姑蘇城外の寒山寺）／夜半鐘聲到客船（夜半の鐘声 客船に到る）」という張継の漢詩『楓橋夜泊』で名高い寒山寺。蘇州城外のこの地は大運河の停泊地にあたったことから、多くの旅人が往来し、寒山寺という名前は高僧寒山と拾得が住寺していたことに由来する。創建は梁の天監年間（502〜519年）にさかのぼる。

CHINA
江蘇省

日本人と蘇州

鐘が鳴る寒山寺を詠った『楓橋夜泊』は日本人にもっとも知られた漢詩のひとつで、古くから蘇州と日本には深いつながりがあった。8世紀以後の遣唐使船は朝鮮半島を経由せず、長江へ直接いたる南ルートがとられ、蘇州黄泗浦（現在の張家港）が中国側の出帆地となっていた。そのため阿倍仲麻呂の「天の原ふりさけみれば春日なる三笠の山に出でし月かも」という歌は、蘇州で詠んだものだとされている（阿倍仲麻呂は故郷を思ってこの歌を詠んだが、結局、帰国できずに中国でなくなった）。また戦前、服部良一(1907～1993年)作曲で、

Suzhou 城外西部城市案内

李香蘭の歌った『蘇州夜曲』にも鐘の鳴る寒山寺が登場する。

Guide,
Su Zhou Jiao Qu
蘇州郊外
城市案内

中国第3の淡水湖である太湖
また現代建築の立つ開発区が
蘇州郊外に位置する

宝帯橋 宝带桥 bǎo dài qiáo バオダイチャオ ［★☆☆］
全長317m、53の美しいアーチを描く宝帯橋。蘇州市街から南3kmの運河にかかる橋で、806年、唐代の官吏王仲舒が玉帯を売ったお金でかけたことにはじまる。現在の橋は清代に再建されたもの。

東方之門 东方之门
dōng fāng zhī mén ドンファンチイメン ［★☆☆］
蘇州東部の開発区に広がる金鶏湖のほとりに立つ東方之門(高さ278m)。ふたつの塔がカーブを描きながら上層階でつなが

【地図】蘇州郊外の [★☆☆]

- ☐ 宝帯橋 宝带桥 バオダイチャオ
- ☐ 東方之門 东方之门 ドンファンチイメン
- ☐ 太湖 太湖 タイフウ

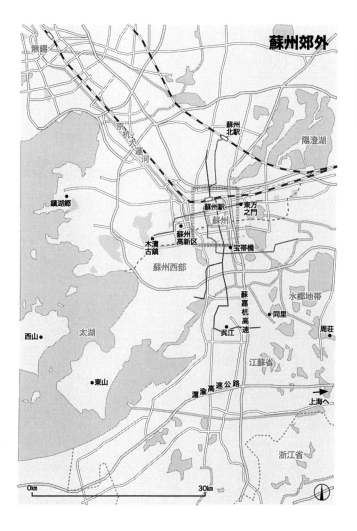
蘇州郊外

Suzhou

蘇州郊外城市案内

CHINA
江蘇省

るという建築は、蘇州の城門などがイメージされているという。湖の対岸に巨大な観覧車の摩天輪が見えるほか、蘇州文化芸術中心、蘇州国際博覧中心といった大型施設が点在する。

ふたつの開発区

蘇州の開発区は、手ぜまになった蘇州旧城外の東西におかれている。1992年の鄧小平南巡講話を受けて上海は急速な経済成長を見せ、上海に隣接する蘇州も注目されるようになった。上海に近い立地、労働力や土地の安さなどから、外資系企業が多く進出し、蘇州は中国を代表する経済都市へと成長

▲左　東方之門がそびえる蘇州工業園区。　▲右　たらいに乗って蓮の実を売る

をとげた。蘇州の開発にともなって、多くの出稼ぎ労働者が流入し、深圳とならんで移民の割合が高いことでも知られる。

太湖 太湖 tài hú タイフウ ［★☆☆］

豊かな水をたたえる太湖は、鄱陽湖（江西省）、洞庭湖（湖南省）につぐ中国第3の淡水湖。湖の中心へ伸びる東山風景区、神仙が棲むという西山風景区など美しい景勝地が点在する。また淡水魚やえび、上海蟹などの豊富な魚介類、江南を代表する銘茶洞庭碧螺春、中国庭園にかかせない太湖石の産地としても知られる。

城市の
うつり
かわり

春秋戦国時代から宋代そして明清時代
近代、上海にその座を譲るまで
蘇州は 2500 年近く江南の主都であった

春秋戦国時代（〜2世紀）

長江デルタでは 6000 年前の新石器時代から人の居住が確認され、太湖東の蘇州は江南地方でもっとも早く開けた土地だった。伝説では、周の太王の子泰伯と仲雍がこの地に亡命して呉を建国し、紀元前 514 年、呉王闔閭が伍子胥に命じて蘇州城を造営させた（当時の蘇州には、断髪、刺青をした非漢族が暮らしていた）。呉は隣国の越と争い、そのなかで「臥薪嘗胆」「呉越同舟」といった言葉が生まれた。蘇州は、呉から越、楚と主を替え、やがて始皇帝の秦の版図に入ったが、秦へ反乱を起こした項羽は蘇州で反旗を翻すなど、中央に対

CHINA
江蘇省

する反骨の気風をもつ土地柄であったという(項羽は劉邦との戦いに敗れ、やがて漢が建国された)。

六朝時代(3～6世紀)

三国時代の一角を占める孫呉政権は194年に蘇州を支配下におき、北塔報恩寺や瑞光塔はこの時代の遺構となっている。4世紀、華北が異民族に占領されるなか、漢族が大挙して江南地方へ移住し、蘇州一帯も開発が進むようになった。南京に都がおかれた六朝(南朝)時代、江南地方の水利が整備されて経済力が高まり、優雅な貴族文化が育まれた(人々は華

▲左 明清時代の面影を残す山塘街。　▲右 上海と蘇州は高速鉄道で結ばれている

Suzhou　城市のうつりかわり

北とは異なる江南の山水美を愛でた）。

隋唐時代（6〜10世紀）

隋の煬帝は、豊かな江南の物資を華北に運ぶために大運河を整備し、杭州へいたる大運河が蘇州の西部を通ったため、蘇州の繁栄は決定的になった（隋代、近くの姑蘇山から蘇州という名前がつけられた）。唐代には、白居易が居を構えるなど風光明媚な蘇州は官吏の憧れとなり、文化水準も高まっていった。また五代十国時代、杭州に都をおいた呉越は積極的に湿地帯を開発し、蘇州一帯は豊かな穀倉地帯になっていた。

CHINA
江蘇省

宋元時代（10〜14世紀）

宋代、蘇州には平江府がおかれ、そのときの街区が刻まれた『平江図』は現在の蘇州の街が当時の街区とほとんど変わっていないことを示している。この時代、江南の開発はさらに進んで、華北との経済力の関係は完全に逆転し、「天に天堂、地に蘇杭あり」と言われるようになった。また元代、蘇州の外港にあたる劉家港が北京への物資輸送の拠点となったほか、元末の混乱のなかで張士誠がその経済力を背景に蘇州で地方政権を樹立した（蘇州を奪われたことが元の滅亡を早め、続く明の朱元璋は蘇州の商人を移住させ、重税をかけて経済

▲左 豊かな経済力が豊かな文化を生んだ。　▲右 蘇州料理は中国料理を代表する

力を削ごうとした）。

明清時代（14〜20世紀）

明を樹立した朱元璋によって一時、蘇州の経済は停滞したが、やがて回復し、蘇州は明代、最高の繁栄を迎えるようになった。蘇州府だけで全中国の10分の1の税額を納入したと言われる豊かさは、書画、建築、工芸、織物、料理など中国最高水準の文化を花開かせた。また蘇州人は清朝の辮髪政策に最後まで抵抗して気概を見せ、続く清朝時代も江蘇巡撫がおかれるなど江南の要地という地位は続いた。清朝皇帝は

CHINA
江蘇省

豊かな蘇州の文化に惹かれてたびたび南巡し、蘇州の庭園や料理が北京へ移植されたことからもこの街の性格がうかがえる。1863年、太平天国の乱で蘇州が陥落すると、多くの商人や官吏は蘇州から上海へ逃れ、江南の中心地は上海へ移っていった（上海はアヘン戦争後の1842年に開港され、外国の租界が構えられるなど、中国で最初に近代化が進んだ）。

近現代（20世紀〜）

日清戦争後、日本の大陸進出は進み、1896年、蘇州城外南に日本租界がもうけられた。近代、蘇州西の無錫で工業化が

Suzhou 城市のうつりかわり

進んだのに対し、蘇州の開発は1949年の中華人民共和国成立後も遅れていた。こうしたなか1978年にはじまった改革開放を受けて、1992年から上海は急激な経済成長を見せるようになった。上海に隣接する蘇州はその地の利、土地や労働力の安さなどから注目され、上海や北京に準ずる経済都市へと成長をとげた。一方で、明清時代の中国古典園林（世界遺産）が残り、江南文化を伝える古都となっている。

参考文献

『蘇州・杭州物語』(村上哲見 / 集英社)

『蘇州』(伊原弘 / 講談社)

『水網都市』(上田篤・世界都市研究会編 / 学芸出版社)

『中国中世都市紀行』(伊原弘 / 中央公論社)

『中国江南の都市とくらし』(高村雅彦 / 山川出版社)

『中国の歴史散歩 3』(山口修・鈴木啓造 / 山川出版社)

『世界大百科事典』(平凡社)

[PDF] 蘇州地下鉄路線図 http://machigotopub.com/pdf/suzhoumetro.pdf

まちごとパブリッシングの旅行ガイド

Machigoto INDIA , Machigoto ASIA , Machigoto CHINA

【北インド - まちごとインド】

001 はじめての北インド
002 はじめてのデリー
003 オールド・デリー
004 ニュー・デリー
005 南デリー
012 アーグラ
013 ファテープル・シークリー
014 バラナシ
015 サールナート
022 カージュラホ
032 アムリトサル

【西インド - まちごとインド】

001 はじめてのラジャスタン
002 ジャイプル
003 ジョードプル
004 ジャイサルメール
005 ウダイプル
006 アジメール(プシュカル)
007 ビカネール
008 シェカワティ
011 はじめてのマハラシュトラ
012 ムンバイ
013 プネー
014 アウランガバード
015 エローラ
016 アジャンタ
021 はじめてのグジャラート
022 アーメダバード
023 ヴァドダラー(チャンパネール)
024 ブジ(カッチ地方)

【東インド - まちごとインド】

002 コルカタ
012 ブッダガヤ

【南インド - まちごとインド】

001 はじめてのタミルナードゥ
002 チェンナイ
003 カーンチプラム
004 マハーバリプラム
005 タンジャヴール
006 クンバコナムとカーヴェリー・デルタ
007 ティルチラパッリ
008 マドゥライ
009 ラーメシュワラム
010 カニャークマリ
021 はじめてのケーララ
022 ティルヴァナンタプラム
023 バックウォーター(コッラム〜アラップーザ)
024 コーチ(コーチン)
025 トリシュール

【ネパール - まちごとアジア】

001 はじめてのカトマンズ
002 カトマンズ
003 スワヤンブナート

004 パタン
005 バクタプル
006 ポカラ
007 ルンビニ
008 チトワン国立公園

【バングラデシュ - まちごとアジア】

001 はじめてのバングラデシュ
002 ダッカ
003 バゲルハット（クルナ）
004 シュンドルボン
005 プティア
006 モハスタン（ボグラ）
007 パハルプール

【パキスタン - まちごとアジア】

002 フンザ
003 ギルギット（KKH）
004 ラホール
005 ハラッパ
006 ムルタン

【イラン - まちごとアジア】

001 はじめてのイラン
002 テヘラン
003 イスファハン
004 シーラーズ
005 ペルセポリス
006 パサルガダエ（ナグシェ・ロスタム）
007 ヤズド
008 チョガ・ザンビル（アフヴァーズ）
009 タブリーズ
010 アルダビール

【北京 - まちごとチャイナ】

001 はじめての北京
002 故宮（天安門広場）
003 胡同と旧皇城
004 天壇と旧崇文区
005 瑠璃廠と旧宣武区
006 王府井と市街東部
007 北京動物園と市街西部
008 頤和園と西山
009 盧溝橋と周口店
010 万里の長城と明十三陵

【天津 - まちごとチャイナ】

001 はじめての天津
002 天津市街
003 浜海新区と市街南部
004 薊県と清東陵

【上海 - まちごとチャイナ】

001 はじめての上海
002 浦東新区
003 外灘と南京東路
004 淮海路と市街西部
005 虹口と市街北部
006 上海郊外（龍華・七宝・松江・嘉定）
007 水郷地帯（朱家角・周荘・同里・甪直）

【河北省 - まちごとチャイナ】

001 はじめての河北省
002 石家荘
003 秦皇島
004 承徳
005 張家口
006 保定
007 邯鄲

【山東省 - まちごとチャイナ】

001 はじめての山東省
002 はじめての青島
003 青島市街
004 青島郊外と開発区
005 煙台
006 臨淄
007 済南
008 泰山
009 曲阜

【江蘇省 - まちごとチャイナ】

001 はじめての江蘇省
002 はじめての蘇州
003 蘇州旧城
004 蘇州郊外と開発区
005 無錫
006 揚州
007 鎮江
008 はじめての南京
009 南京旧城
010 南京紫金山と下関
011 雨花台と南京郊外・開発区
012 徐州

【浙江省 - まちごとチャイナ】

001 はじめての浙江省
002 はじめての杭州
003 西湖と山林杭州
004 杭州旧城と開発区
005 紹興
006 はじめての寧波
007 寧波旧城
008 寧波郊外と開発区
009 普陀山
010 天台山
011 温州

【福建省 - まちごとチャイナ】

001 はじめての福建省
002 はじめての福州
003 福州旧城
004 福州郊外と開発区
005 武夷山
006 泉州
007 厦門
008 客家土楼

【広東省 - まちごとチャイナ】

001 はじめての広東省
002 はじめての広州
003 広州古城
004 天河と広州郊外
005 深圳(深セン)
006 東莞
007 開平(江門)
008 韶関
009 はじめての潮汕

010 潮州
011 汕頭

【遼寧省 - まちごとチャイナ】

001 はじめての遼寧省
002 はじめての大連
003 大連市街
004 旅順
005 金州新区
006 はじめての瀋陽
007 瀋陽故宮と旧市街
008 瀋陽駅と市街地
009 北陵と瀋陽郊外
010 撫順

【重慶 - まちごとチャイナ】

001 はじめての重慶
002 重慶市街
003 三峡下り（重慶〜宜昌）
004 大足

【香港 - まちごとチャイナ】

001 はじめての香港
002 中環と香港島北岸
003 上環と香港島南岸
004 尖沙咀と九龍市街
005 九龍城と九龍郊外
006 新界
007 ランタオ島と島嶼部

【マカオ - まちごとチャイナ】

001 はじめてのマカオ
002 セナド広場とマカオ中心部
003 媽閣廟とマカオ半島南部
004 東望洋山とマカオ半島北部
005 新口岸とタイパ・コロアン

【Juo-Mujin（電子書籍のみ）】

Juo-Mujin 香港縦横無尽
Juo-Mujin 北京縦横無尽
Juo-Mujin 上海縦横無尽
Juo-Mujin 台北縦横無尽
見せよう！デリーでヒンディー語
見せよう！ 上海で中国語
見せよう！ 蘇州で中国語
見せよう！ 杭州で中国語

【自力旅游中国 Tabisuru CHINA】

001 バスに揺られて「自力で長城」
002 バスに揺られて「自力で石家荘」
003 バスに揺られて「自力で承徳」
004 船に揺られて「自力で普陀山」
005 バスに揺られて「自力で天台山」
006 バスに揺られて「自力で秦皇島」
007 バスに揺られて「自力で張家口」
008 バスに揺られて「自力で邯鄲」
009 バスに揺られて「自力で保定」
010 バスに揺られて「自力で清東陵」
011 バスに揺られて「自力で潮州」
012 バスに揺られて「自力で汕頭」
013 バスに揺られて「自力で温州」
014 バスに揺られて「自力で福州」
015 メトロに揺られて「自力で深圳」

【車輪はつばさ】
南インドのアイラヴァテシュワラ寺院には建築本体に車輪がついていて寺院に乗った神さまが人びとの想いを運ぶと言います。

・本書はオンデマンド印刷で作成されています。
・本書の内容に関するご意見、お問い合わせは、発行元の
　まちごとパブリッシング info@machigotopub.com までお願いします。

まちごとチャイナ
江蘇省002はじめての蘇州
〜中国庭園と鐘の鳴る「古都」［モノクロノートブック版］

2017年11月14日　発行

著　者	「アジア城市（まち）案内」制作委員会
発行者	赤松　耕次
発行所	まちごとパブリッシング株式会社 〒181-0013　東京都三鷹市下連雀4-4-36 URL http://www.machigotopub.com/
発売元	株式会社デジタルパブリッシングサービス 〒162-0812　東京都新宿区西五軒町11-13 清水ビル3F
印刷・製本	株式会社デジタルパブリッシングサービス URL http://www.d-pub.co.jp/

MP094

ISBN978-4-86143-228-6 C0326　　　　Printed in Japan
本書の無断複製複写（コピー）は、著作権法上での例外を除き、禁じられています。